le soir

Titre original de l'ouvrage: ''El Anochecer''
© José M.ª Parramón Vilasaló
© Bordas. Paris. 1987 pour la traduction française
I.S.B.N. 2-04-018038-9
Dépôt légal: septembre 1987

Imprimé en Espagne par
EMSA, Diputación, 116
08015 Barcelona, en septembre 1987
Dépôt légal: B-35.001-87
Numéro d'Éditeur: 785

la bibliothèque des tout-petits

Montserrat Viza · Irene Bordoy

le soir

Bordas

Un bon bain
et nous nous sentons en forme.
— Qu'on est bien dans l'eau !

Chaque soir, à la même heure,
nous mettons le couvert.
— Le couteau à droite !
Et la fourchette à gauche !

Après le dîner,
nous commençons à avoir sommeil,
mais nous n'avons pas très envie
d'aller au lit !

Nous avons la permission
de regarder la télévision
pendant un moment.

A la campagne, tout le monde
dort déjà à cette heure-ci.
Car il faut se lever
dès la première lueur du jour.

Les animaux des élevages
ne dorment pas la nuit.
La lumière est toujours allumée
et pour eux
le jour n'a pas de fin.

Pierre s'est endormi.
— Allez, debout ! Au lit !

— Maman ! Nous n'avons
pas sommeil !
— Raconte-nous
l'histoire de l'aigle !

" ... et le petit lapin, distrait,
ne voyait pas l'aigle qui planait... "

— Aïe ! Nous avons oublié
de nous laver les dents.

Papa prend son air fâché :
— Quel est tout ce bruit ?

Et le sommeil nous surprend.
Nous entrons
dans le monde des rêves.

LE SOIR est fini pour les enfants.

la bibliothèque des tout-petits

les quatre saisons

Asun Balzola
Josep Mª Parramón
le printemps
Bordas

Carme Solé Vendrell
Josep Mª Parramón
l'été
Bordas

Ulises Wensel
Josep Mª Parramón
l'automne
Bordas

Carme Solé Vendrell
Josep Mª Parramón
l'hiver
Bordas

les cinq sens

Maria Rius
J.M. Parramón, J.J. Puig
la vue
Bordas

Maria Rius
J.M. Parramón, J.J. Puig
l'ouïe
Bordas

Maria Rius
J.M. Parramón, J.J. Puig
l'odorat
Bordas

Maria Rius
J.M. Parramón, J.J. Puig
le goût
Bordas

Maria Rius
J.M. Parramón, J.J. Puig
le toucher
Bordas

la bibliothèque des tout-petits

les quatre éléments

les quatre âges de la vie

un jour...

la bibliothèque des tout-petits

raconte~moi...

je voyage...

les quatre moments du jour